D1753333

Der Windhund

Amadeo

Erstauflage
© Liselotte Stierli 1996
Text & Bilder: Liselotte Stierli
Satz: Silvia Orlando, 8124 Maur
Lithos: Digit AG, 8124 Maur
Druck: Fotorotar AG, 8132 Egg
Auslieferungen: Tierschutzverein Uster und Umgebung &
IKOS-Verlag, 8124 Maur (für Buchhandel: Neue Bücher AG Zürich)
ISBN 3-906473-11-2

Amadeo

ist mein Name

Kein Windhund, der etwas auf sich hält, sollte so heissen. Doch Tante Elise, meine Züchterin, hat liebe Erinnerungen an einen Amadeo.

Wir sind übrigens die ersten Afghanen, die bei ihr zur Welt kamen, und der erste Wurf, so will es die Gewohnheit, hat mit einem 'A' anzufangen. Meine Geschwister und ich haben ein L.O.F., ein *Livre des Origines Français*. Wir sind Franzosen, wir gehören also zur Grande Nation. Anderswo nennt man dies Stammbaum, kein wirklicher Baum, an dem man das Bein heben kann. Nur ein Papier, auf dem Vater, Mutter, Gross-, Urgrosseltern aufgelistet sind. Selbstverständlich ist das alles im Zuchtverbandsbuch eingetragen, mit Stempel und Siegel versehen, und hat damit seine Ordnung. Allerdings frage ich mich, ob das immer mit rechten Dingen zugeht.

Mit vollem Namen heisse ich *Amadeo du Mont Soleil*. Im Ohr habe ich eine sechsstellige Nummer tätowiert, die in Paris registriert ist. Damit kann man mich erkennen, sollte ich davonlaufen oder geklaut werden.

Tante Elise ist *Madame du Mont Soleil*, auch wenn sie Müller heisst. Mein Vater kommt aus den Niederlanden und ist der *Prince der Honden*. Mit einer Reihe Buchstaben hinter seinem Namen wie Int. Ch., VDH-Ch., CACIB. Er ist ein Sieger und Champion und genau so eitel, wie zweibeinige Preisträger. Mutter und ihre beiden Schwestern stammen aus dem Rheinland. Aus einem bekannten Kurort, wo die Menschen hinfahren, nur um sich in den Dreck - sprich Lehm - zu setzen. Wenn einer von uns sich einmal in einer Pfütze wälzt, gibt es lauter Geschrei und Geschimpfe. Man sieht einmal mehr: wenn zwei dasselbe tun...

Elevage du Mont Soleil

Bei Tante Elise haben wir es wunderbar, viele Gefährten, ganze Rudel von Tervueren - belgische Schäferhunde - und Bobtails. Grosse Spielwiese, prima Futter, Zuneigung von allen Seiten. Für jede Hundemutter mit ihrem Nachwuchs gibt es ein Holzhäuschen, in dem es sich, zusammengekuschelt, fein schlafen lässt. Aber eines ist gewiss - so wird es nicht bleiben.

Die Änderung kündet sich an. Allerhand Leute kommen, um uns zu begutachten. Sie streicheln uns und nehmen uns auf den Arm, was unsere Mutter gar nicht schätzt, denn sie wittert Unheil! Oft wird auf mich gezeigt, jedesmal sagt dann Tante Elise: "Der ist reserviert." Was immer das heissen mag.

Meist gibt sie mir einen Kuss auf die Schnauze: "Mon petit chou, du bist ein ganz besonderer Hund." Und dann sind eines Tages alle meine Brüder und Schwestern weg. Jetzt bin ich dran, um in die weite Welt zu ziehen. Mir ist gar nicht bange. Eine tiefe Stimme kommt, warme Hände und ein angenehmer Geruch.

Tom - ? Tante Elise gibt mir ein Fleischbällchen mit ein paar Beruhigungstropfen, damit mir der Abschied leicht fällt. Ich gehe gerne mit Tom.

Meine Eltern sehe ich nicht mehr, die sitzen hinter dem Haus vor einem grossen Futternapf. Tante Elise ruft mir nach: "Dein Name, kleiner Amadeo, bedeutet 'Gott lieben' oder 'Gott liebt dich'. Mach's gut und führe ein glückliches Hundeleben!" Nebenbei gesagt: Gody oder Göpf möchte ich nicht genannt werden.

Ich werde in einen Korb gesetzt und geniesse meine erste Autofahrt. Tom redet mit mir und streicht mir über den wuscheligen Pelz. Dann steigen wir aus und ich laufe in einen grossen Garten.

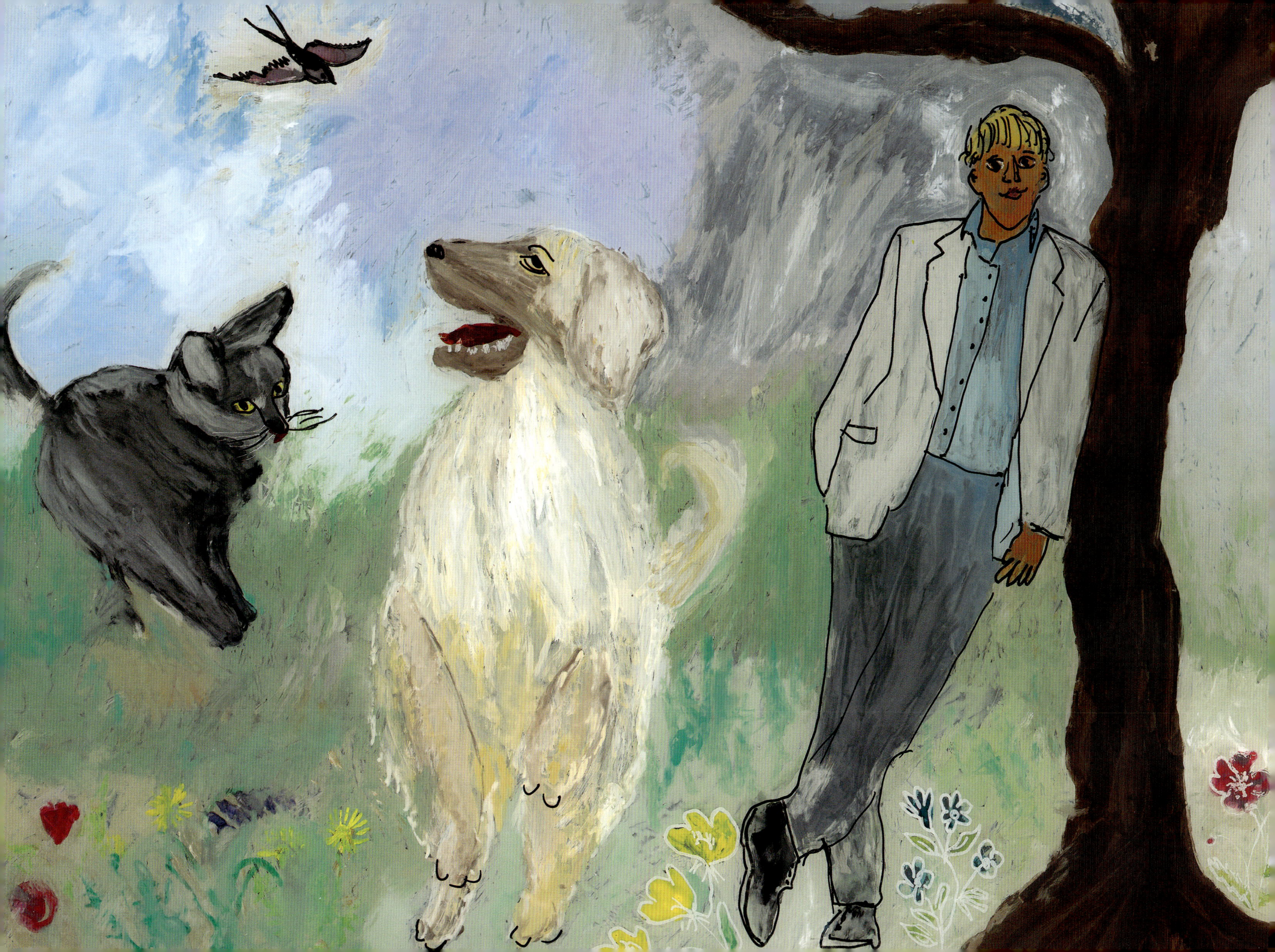

Hier mache ich die Bekanntschaft mit meinem neuen Hausgenossen, dem Kater Felix.

Auch er ist, wie Tom und ich, ein echter 'Waggis', ein Elsässer.

Felix hebt die Pfote, ohne die Krallen rauszulassen. Eine Geste, eindeutig und klar.

Ich werde in die Schranken gewiesen und habe Respekt.

"Mach Pipi!" sagt Tom. Tatsächlich läuft ein Bächlein unter mir weg.

Kaum zu glauben, ich bin vom ersten Tag an stubenrein.

Jedesmal bekomme ich dann ein Stück Wurst. Die Liebe geht durch den Magen - wie wahr!

Nach dem aufregenden Tag bin ich müde. Tom legt mich auf eine weiche, warme, rote Decke.

Ich schlafe zufrieden ein.

Am Morgen, als die Sonne mir ins Gesicht lacht, wache ich auf.

Ich liege mit Tom und Kater Felix zusammen im Bett.

Alles paletti, mit meiner Familie habe ich das grosse Los gezogen.

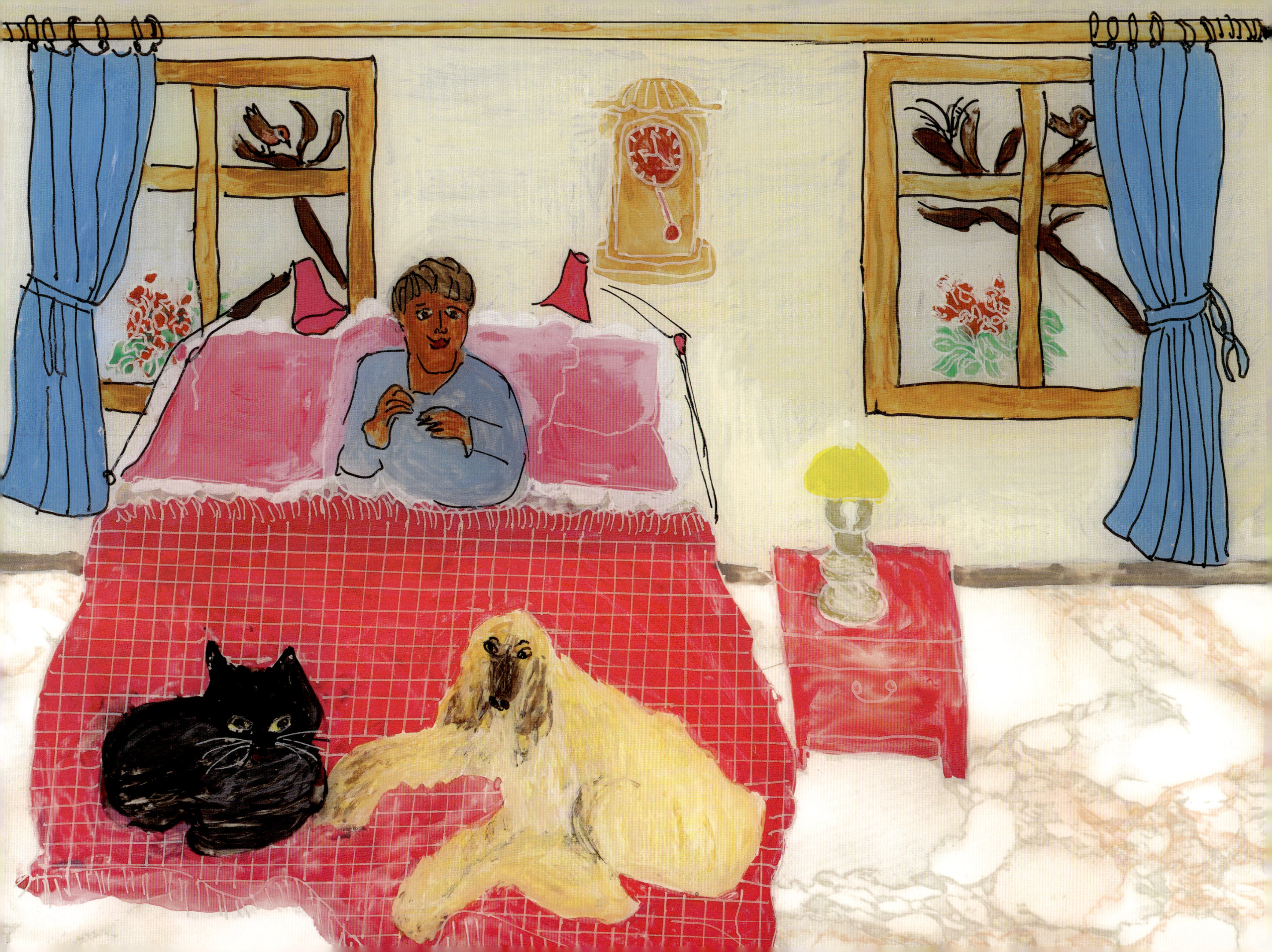

Wie die Zeit verrinnt! Schon bin ich erwachsen, mache Sitz und Platz, laufe brav und gesittet an der Leine und warte geduldig, wenn es sein muss. Unterwürfig bin ich nicht, das kann man von einem Afghanen auch nicht erwarten. Aber schön bin ich, und wie!

Tom freut sich, wenn die Leute auf der Strasse stehenbleiben, sich nach mir umdrehen und sagen: "Was für ein Prachttier!" Wenn Tom länger fort bleibt, hütet uns seine Schwester Betty.

Diese fade Blonde. Immer weiss sie alles besser. Sie will nur hilfreich und lieb sein, dabei ist sie bloss eine echte Nervensäge. Ich bin ihr völlig ausgeliefert und dauernd sagt sie: "Wie kann man nur so einen Hund kaufen" und "Ich meine es nur gut!"

Die Fronten sind abgesteckt, sie mag mich nicht und ich kann sie nicht riechen. Kein Wunder, dass ihr Mann, kaum dass sie ihn hatte, mit einer andern davongelaufen ist. Das hat sie noch nicht verkraftet. Magengeschichten und schlechte Laune sind die Folge und ich muss dafür büssen.

Und dann passiert es. Toms Stuhl bleibt leer. Felix und ich, wir warten und warten... tagelang.

Felix kann wenigstens in den Garten gehen. Aber ich? Ganz schlimm. Warum tut Tom uns das an?

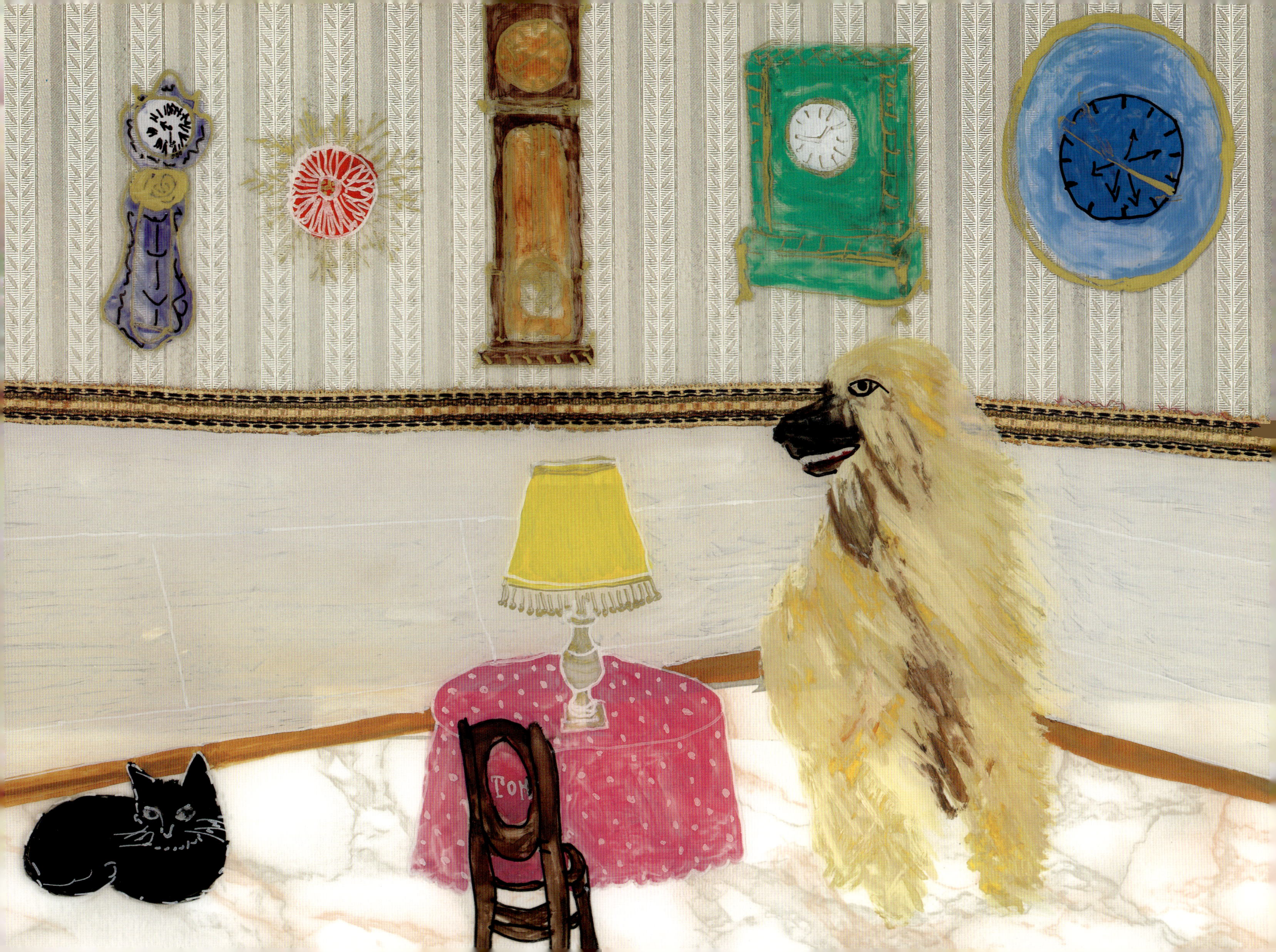

Ein Unglück kommt selten allein. Hunger habe ich keinen, der Appetit ist mir gründlich vergangen.
Als ich es nicht mehr aushalte, mache ich in die Dusche. Oh Tom, warum hast Du uns nur verlassen?
Die grässliche Betty taucht auf und schreit uns an.
Im Grunde gehört sie zu der Sorte unglücklicher Menschen, die man oft mit Hunden sieht.
Unscheinbare Leute, die weder in der Familie, noch im Beruf den gewünschten Erfolg haben.
Bei der armen Kreatur finden sie dann Gelegenheit, um sich im Kasernenhofton zu profilieren.
Später höre ich Betty telefonieren: "Ja, er hat erstklassige Papiere. Gewiss, wenn er ausgestellt wird,
holt er bestimmt Preise. Nein, billig ist er nicht." Um Himmelswillen, da geht es ja um mich!
Wer am meisten berappt, bekommt mich. Wie ein Sack Holz werde ich verscherbelt.
Oh Tante Elise, oh Tom, Ihr habt mich ausgesetzt in einer Welt, die so verlockend gar nicht ist.
Eine Dicke legt am meisten für mich hin. Ihre Sprache verstehe ich nicht.
Ich werde in einen engen Behälter gepfercht, der in einem Kastenwagen steht und ab geht's.
Dann werde ich ausgeladen und in einem Zwinger mit Auslauf losgelassen.
Im Hintergrund sehe ich Berge und vorne rauscht der grosse Fluss, den ich kenne.
Eine Fahne weht. Weisses Kreuz im roten Feld. Ich bin in der Schweiz. Bin ich jetzt ein Eidgenosse?

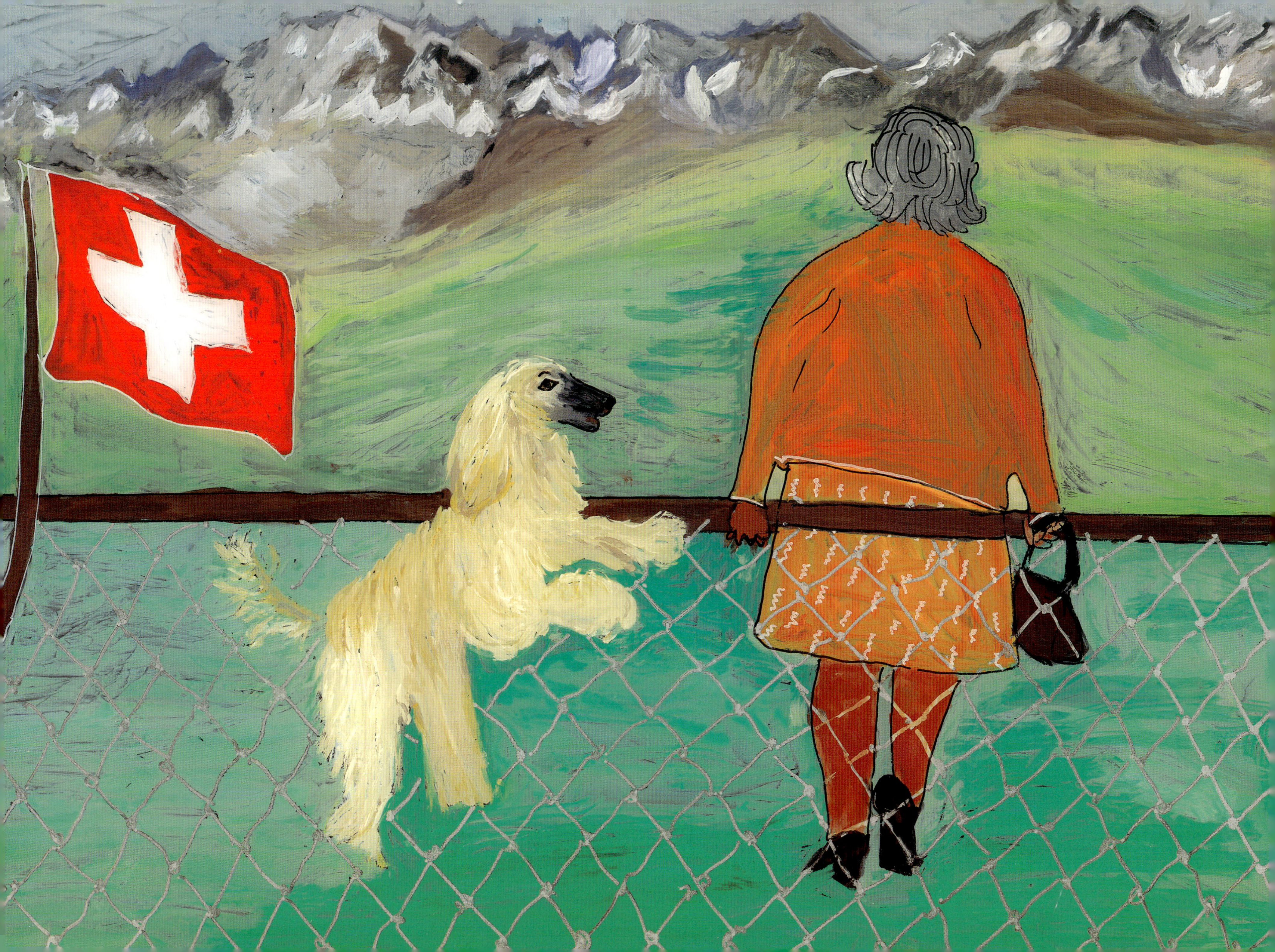

Die Dicke mag mich zwar, aber anders als Tom. Sie sucht keinen Freund oder Kumpan, sie will Furore mit mir machen. Ich soll ihre eigene Wenigkeit aufmotzen. Ihr Glanz verleihen. Das kann man verstehen.
Wie sie mich behandelt, das ist nicht als Schikane gedacht, aber für mich ist es echte Schikane.
Alle zwei Tage werde ich mit Mandelöl-Shampoo gebadet, dann für Stunden in einen Holzkasten gesetzt. Durch ein Loch kann ich den Kopf hinausstrecken. Im Innern surren zwei Föne, damit mein Haar trocknet, und weich, seidig und noch länger werde.
Dann muss ich mit der Dicken im Kreis laufen, die Beine im rechten Winkel weit nach vorne werfen, wie es an Ausstellungen gewünscht wird. Kein Problem für mich. Wer bin ich denn? Es geht von Ausstellung zu Ausstellung. Ich heimse laufend Preise ein: BIS (Best in Show), BOB (Rassenbester), alles erreiche ich im Nu. Aber das ist kein Leben.
Schliesslich habe ich die Schnauze restlos voll. Bei der ersten Gelegenheit, als die Zwingertüre offensteht, setze ich mich ab.
Die Nase im Wind trabe ich Richtung Tante Elise. Vielleicht treffe ich dort auch Tom wieder. Irgendwo den Fluss hinunter. Immer habe ich ihn rauschen gehört. Es fängt an zu schneien. Schnee und Kälte machen mir nichts. Ich laufe und laufe und laufe. Das ist der rechte Weg - ich weiss es. Dann rolle ich mich zusammen und schlafe in einem Gebüsch ein.

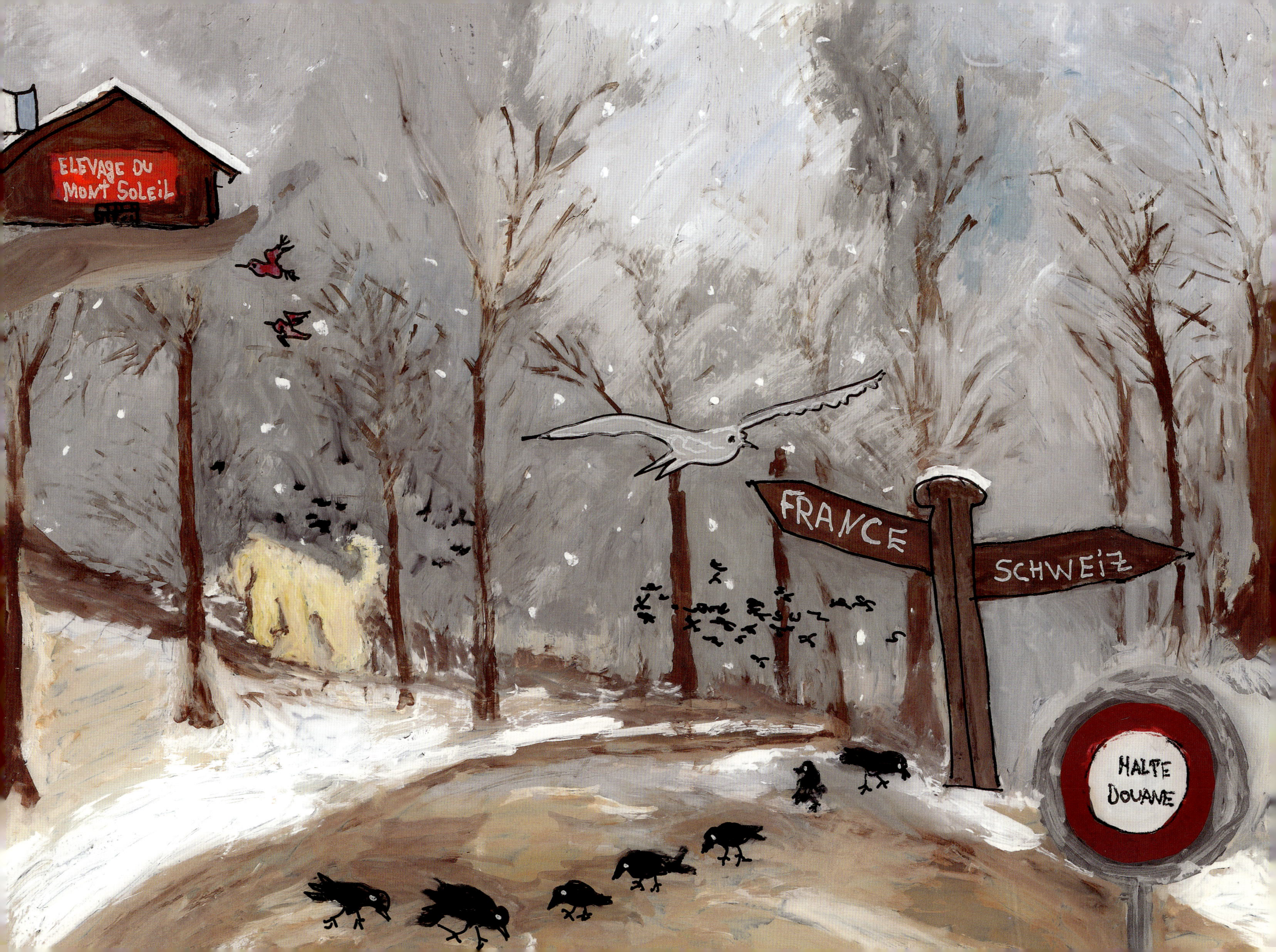
ELEVAGE DU
MONT SOLEIL
FRANCE
SCHWEIZ
HALTE
DOUANE

Ausgeruht geht's weiter. Um eine Stadt mache ich einen Bogen und wandere immer am Flussufer entlang. Es weht die Fahne blau, weiss, rot. Tante Elise, Amadeo ad portas - Amadeo naht. Müde aber zufrieden. Bald bin ich zu Hause. Ich lege eine Pause ein und mache ein Nickerchen. Eine feuchte Nase weckt mich. Eine Schäferhunddame hat mich angestupst. Neben ihr steht ein Mann in Uniform. Vorsichtshalber zeige ich kurz die Zähne. Eine Hand fährt mir über den Kopf: "Na Kleiner, bist Du bei Tante Elise abgehauen?" Er legt mir das Halsband seiner Hündin um und ich trotte bereitwillig mit meiner neuen Freundin ins nahe Wachlokal. Der Flic, wie hier die Polizisten heissen, sucht eine Telefonnummer heraus, nimmt sein Handy und spricht hinein: "Hallo Elise! Hier ist Ferdinand von der Gendarmerie Colmar. Einen Deiner Hunde habe ich im Wald aufgegriffen, einen eleganten, sehr hellen, freundlichen Rüden... Was? Du vermisst keinen? Wer hat denn in der Nähe noch einen Afghanen? ... Gut, ich werde nachsehen." Er beugt sich zu mir herunter, klappt meine Ohren zurück. "Ja, ich hab's! Im linken Ohr eine Tätowierung DAN 094." Nach einer kurzen Pause: "Aber das ist doch kaum möglich! Rheinfelden in der Schweiz ist gut und gerne 65 Kilometer weit weg und erst muss er noch durch Basel kommen. Schön, ich schreibe mir die Telefonnummer auf und rufe dort an."

Er beugt sich zu mir. "So, Du bist Amadeo! Tante Elise grüsst Dich. Dein Freund Tom ist immer noch im Spital, nun schon mehr als ein Jahr nach seinem schweren Unfall. Du gehörst jetzt in die Schweiz, und dahin sollst Du zurück!"

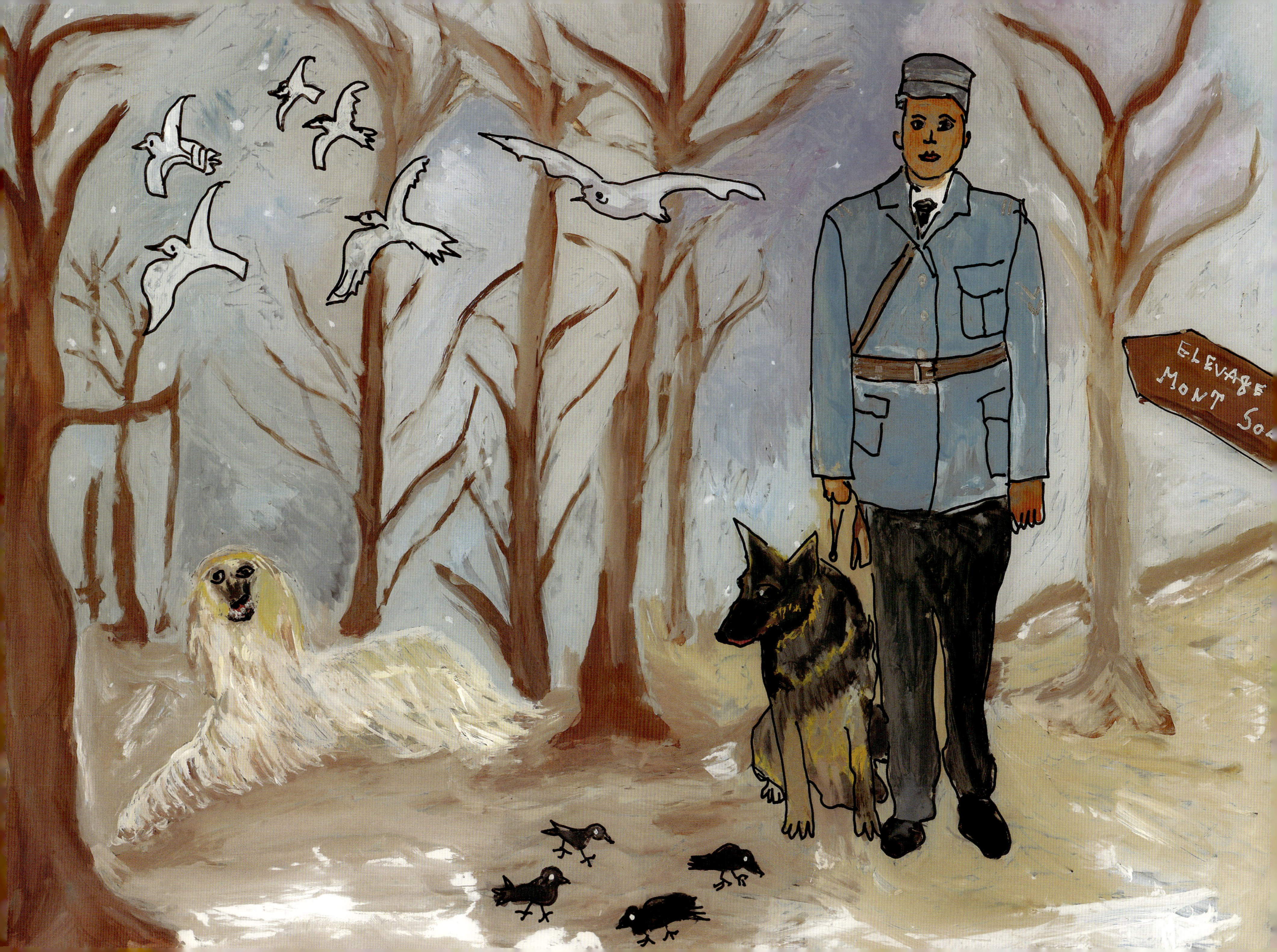
ELEVAGE
MONT

Es gibt nichts, was es nicht gibt. Ich, Amadeo du Mont Soleil, werde, wie es in bester Beamtensprache heisst, polizeilich überstellt. An der Basler Grenze gibt man mich einem Schweizer Zöllner. Die Dicke wartet dort mit einem grimmigen Gesicht. Ich habe ihr ganz gehörig Ärger bereitet. Mein Impfzeugnis kann sie vorweisen. Bei den Zolldokumenten happert es. Vorschriftswidrig bin ich in die Schweiz eingeführt worden. Das heisst, die zwei Franken pro Stück Hund wurden nicht bezahlt. Ich Hund, 'Zollposition 0106 00 30', habe auch keine Warenumsatzsteuer entrichtet. Ich bin also nichts als Sache oder Ware, und das im Land des roten Kreuzes. In England wäre ich ein *British Subject*, in Frankreich *Origine Française*, in Deutschland - nach dem Gesetzesparagraph 90a: 'Tiere sind keine Sache.' Aber hier schlicht und einfach 'Zollposition 0106 00 30'. Nicht zu fassen! Im Namen der Tiere: pfui, pfui und abermals pfui!

Die Dicke bekommt eine saftige Busse wegen Zollvergehens. Mich will sie nicht mehr haben. Sie will mich nur an den Meistbietenden losschlagen. Mit Medaillen um den Hals werde ich vorgeführt. Drei Damen - Frauen - Weiber streiten um mich. Eine ist mir so unsympathisch wie die andere.

Wie gut verstehe ich die vielen armen Häsli, Hamster, Mäuse und was so kreucht und fleucht. Aus einer Laune heraus gekauft, bestenfalls weitergegeben, schlimmstenfalls in einer Schachtel in den Abfall geworfen. Denkt niemand daran, dass sie leben möchten? Auch der Wurm, den man achtlos tritt, ist ein Teil der Schöpfung.

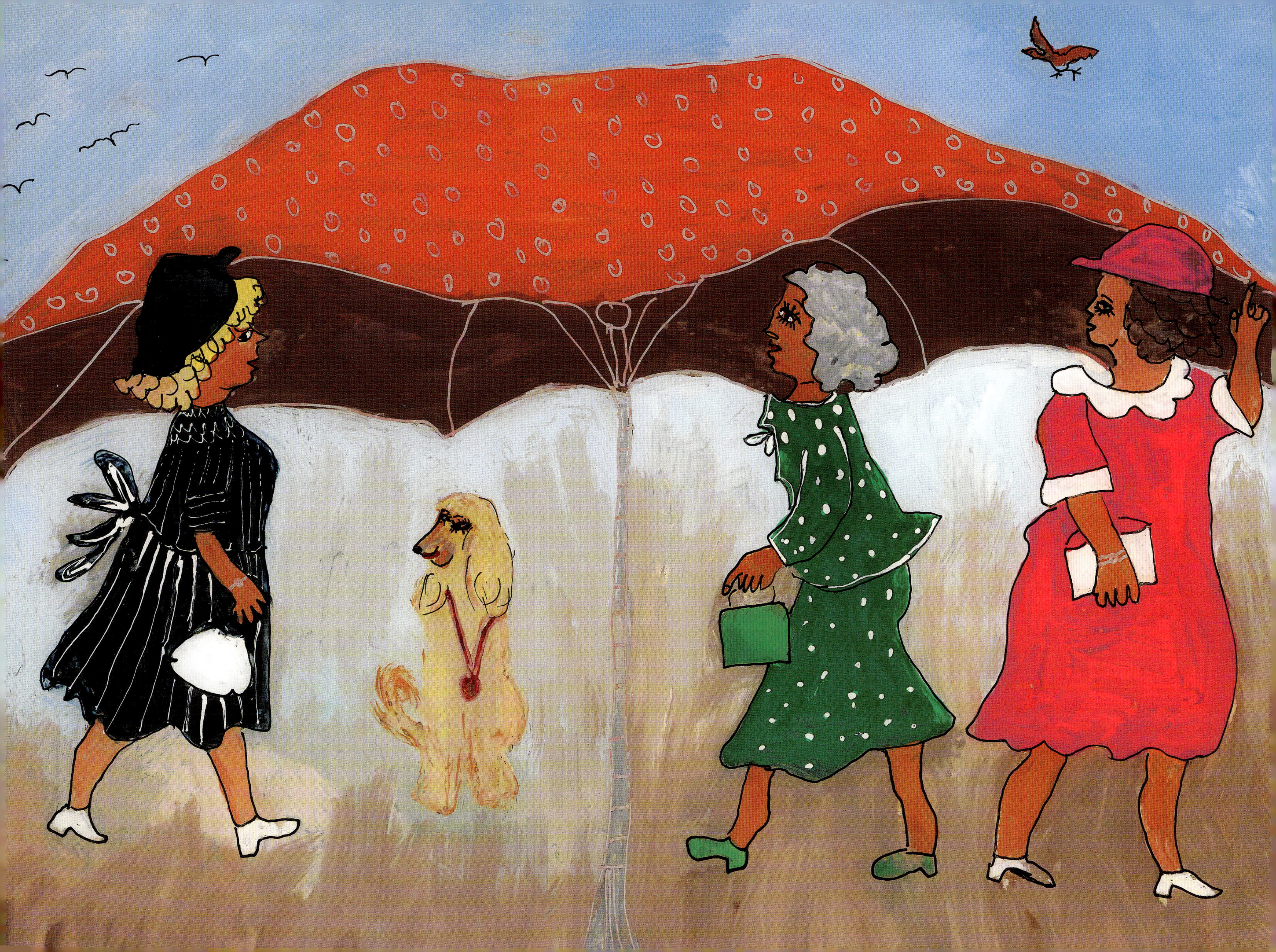

Eine der drei Grazien erobert mich. Ich lerne neue Methoden der Haarpflege kennen. Bei schlechtem Wetter bekomme ich ein Mäntelchen an. Nur schnell zum Versäubern geführt, damit ich mich ja nicht dreckig mache. Kontakt zu meinesgleichen habe ich keinen mehr. Auf diese neue Lage muss ich mich einstellen. Doch was soll's? Irgendwie wird es weitergehen.

Manchmal kommt es plötzlich anders als man denkt.

In der düsteren, engen Wohnung stolpert meine Grazie über mich. Was kann ich dafür, dass ich ihr im Weg liege? Nun hat sie restlos genug von einem Afghanen. Sie packt mich am Kragen und schüttelt mich - und ich lange zu. Auch ich habe genug. Sie schleppt mich zum Tierarzt. "Schläfern Sie ihn ein!" verlangt sie. "Liebe Dame, Sie glauben doch nicht im Ernst, dass ich einen jungen, gesunden Hund ins Jenseits befördere? Das Tier macht keinen bissigen oder bösartigen Eindruck. Ich mache Ihnen einen Vorschlag: Sie unterschreiben mir eine Verzichterklärung, bringen mir seine Papiere und ich sorge für einen guten Platz." Zu meinem Glück werden sie einig.

Wie es eine *Pro Juventute* für die Jugend, eine *Pro Senectute* für die Alten, eine *Pro Infirmis* für die Behinderten gibt, so existiert eine *Pro Lévrier*, eine Hilfsorganisation für notleidende Windhunde, und das weiss der Tierarzt. Dort ruft er an. Hilfe kommt schnell. Mein Leben ändert sich nun schlagartig. Wieder einmal...

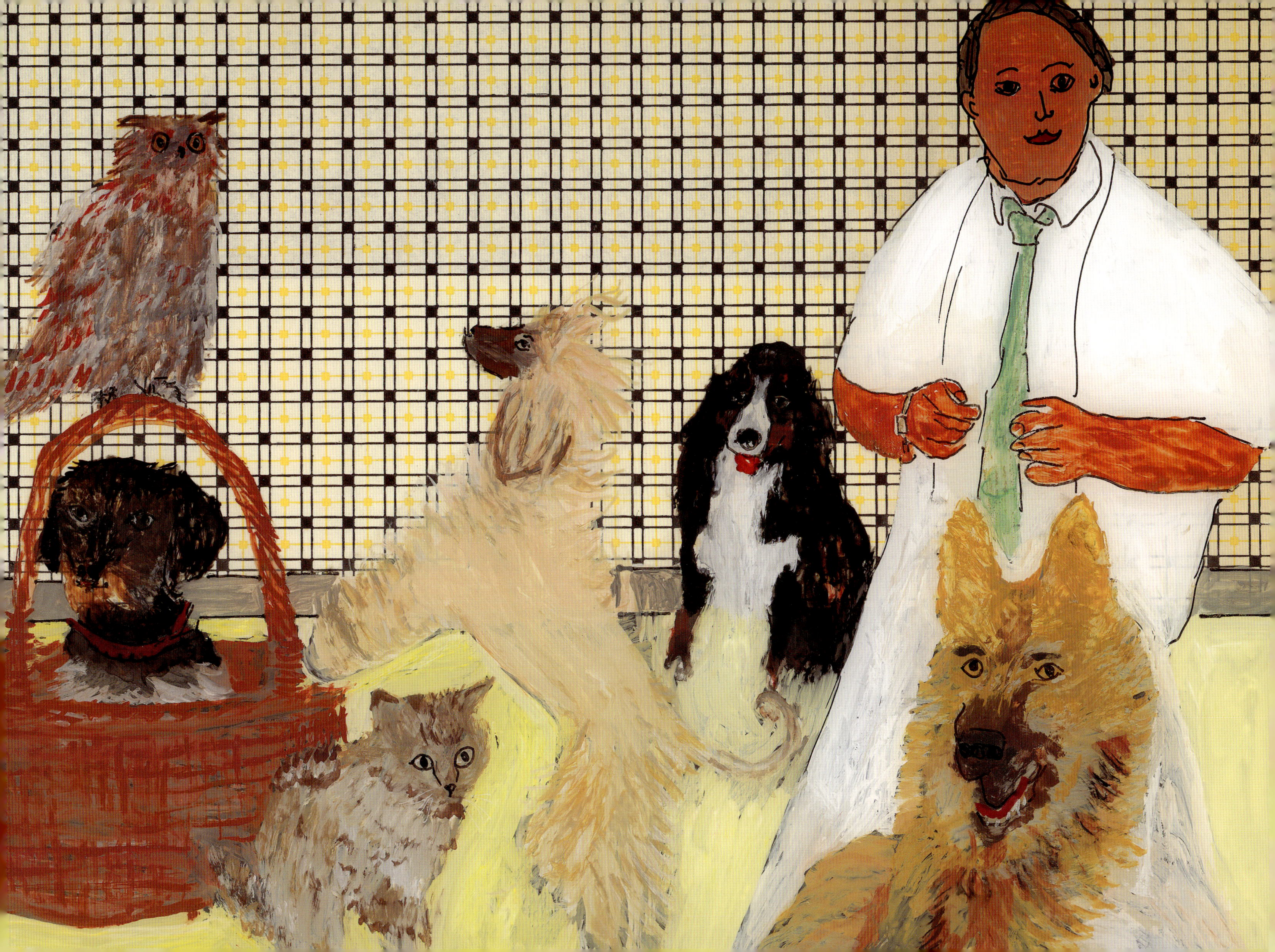

Ein junger Mann holt mich im Namen von *Pro Lévrier* ab. Er hat zwei schwarze Afghanen. Die zeigen mir, wer das Sagen hat. Kurzes Knurren, die Rangordnung ist geregelt! Mit ihnen darf ich auf der riesigen Couch schlafen. Rührend kümmert sich der neue Meister um das Waisenkind. Endlich spüre ich wieder Wärme und Zuneigung. Wir spielen und toben mit anderen Hunden auf einer grossen Wiese.

So gerne wäre ich für immer geblieben, aber die Wohnung ist für drei Hunde zu klein. Einen Beruf hat mein Herr auch. Drei Hunde kann er nicht zur Arbeit mitnehmen. Ich bin einfach zuviel, überzählig, fehl am Platz. Ich verstehe die Welt nicht mehr. Warum will mich denn niemand haben?

Glauben die Leute wirklich, was so ein Wichtigtuer aus Übersee in verschiedenen Zeitungen verkündet hat? Von 79 Hunderassen, die er beschreibt, wären Afghanen mit Abstand die Dümmsten. Hat der Mann nicht aus der Geschichte gelernt, wie weit man mit allgemeinen Verurteilungen kommt? Unter Menschen und Hunden gibt's Idioten und Genies. Für diesen Schreiber ist blinder Gehorsam das Mass der Intelligenz.

Ja, da müssen wir Afghanen allerdings passen. Das entspricht nicht unserem unabhängigen Wesen.

Nicht zu glauben! Ich soll also einer der Blödesten sein?

Afghanen sind eine uralte Rasse. Wir jagen mit den Augen und heute noch werden wir, ganz auf uns selbst gestellt, im Gebirge von Afghanistan zur Jagd auf grosses Raubwild eingesetzt. Wir sind ausdauernd, zäh, eigenwillig, sensibel und meistens treu.

Wozu mache ich eigentlich Reklame für mich?

Hundewiese Tier...

In verschiedenen Zeitungen erscheint das Inserat:

> Wir suchen dringend liebevolle Dauerplätze für gesunde, ältere Afghanische Windhunde. Anfragen Tel. .... ab 19.00 h oder schriftlich bei Pro Lévrier ...

Inzwischen sind eine siebenjährige Afghanin und ein alter Greyhound zu uns gestossen, die kein Dach über dem Kopf haben. Plötzlich gibt es Nachfrage. Mein junger Mann hat mich ins Herz geschlossen, diesmal soll ich nur noch an einen wirklich guten Platz abgegeben werden. Da erscheinen geeignete Interessenten.
Nach einigem Hin und Her fahren wir zum gegenseitigen Beschnuppern aufs Land. Es hört sich nicht schlecht an: altes Ehepaar mit viel Zeit, Haus mit Garten, Hundeerfahrung, Tierfreunde. Ihr letzter Dalmatiner ist gestorben.
Lisa und Pierre sitzen auf der Terrasse, Katzen laufen herum. Pierre gefällt mir auf Anhieb. Dabei sagt er zu seiner Frau: "Du willst wirklich so einen affigen Hund?" (er sagt tatsächlich affig) und sie antwortet darauf: "Ein schöner Hund frisst auch nicht mehr." Ich überhöre diese Bemerkung, lege meinen Kopf in Pierres herunterhängende Hand - die Sache ist geritzt.
"Der Gerechte erbarmt sich seines Viehs", sagt Lisa. Ich ziehe ein. Der Garten ist ein Traum, ein Biotop wie ein bunter Teppich, voller Seerosen und Getier; Frösche, Igel, Blindschleichen. Mit Stolz verbelle ich im überwachsenen Bord einen Dachsbau. Kurz und grün, meine neue Heimat ist gefunden.

Pierre und Lisa haben, ausser einem grünen Daumen, Gespür für Tiere. Sie lassen mir die Zeit, die ich brauche, um mich zurechtzufinden und anzupassen. Sie machen es mir leicht. Alles ist offen, ich kann im ganzen Haus herumlaufen und mich hinlegen, wo ich mag. Da sie selbst eigenwillig sind, verstehen sie mein Bedürfnis, nach eigenem Ermessen zu handeln. Lange geht es nicht und ich liege immer angeschmiegt an Pierres Bein. Pierre ist mein zweiter Tom und Lisa gehört einfach dazu. Sie bekocht mich und schnell weiss sie, was ich besonders mag. Jeden Tag marschiert sie mit mir durch Feld, Wald und Flur. Oft besuchen wir die Hundewiese, wo meine Freunde sind.

Die Jahre vergehen und auf einmal ist Pierre nicht mehr da. Lisa nimmt mich in die Arme und sagt: "Jetzt wirst Du mich beschützen, Amadeo." Ich verstehe sie, aber ich bin so traurig, dass ich nichts mehr fresse, abmagere und nur noch an der Treppe sitze und auf Pierre warte. Lisa schleppt mich von einem Tierarzt zum andern. Einer verpasst mir eine Narkose. Kaum aufgewacht, erhole ich mich. Ich fange an zu fressen.

Die schlimme Zeit geht vorbei, - wie alles vorbeigeht.

Lisa ist nun eine alte Frau und ich bin ein uralter Hund, bald fünfzehn Jahre und wieder einmal bin ich Sieger. Sieger im Altersfrische-Wettbewerb. Hier wird keine Schönheit, kein besonders guter Gang gewertet, hier geht's nur um Gesundheit.

Und die wünsche ich Euch auch!

Satelit Du Mont Sorcier

8.8.81 - 20.7.96

Eigenwillig, sensibel und treu. Man muss ihn lieben.